제1장

시작하기 전 WORDLink 살펴보기

1 맥체인 성경읽기표

오늘이 3월 15일이라고 해 보자.

3월 15일의 맥체인 성경읽기 본문들은 다음과 같다.

가정(Family)				3月	개인(Secret)			
책	장	책	장	날짜	책	장	책	장
출	26	요	5	15	잠	2	갈	1

맥체인 성경읽기표는 크게 두 부분으로 이뤄져 있다.

왼편은 가정 예배를 위한 본문이고, 오른편은 개인 묵상을 위한 본문이다.

위의 날짜에 지정된 본문을 두 부분으로 나누어 써 보면 다음과 같다.

3월 15일 맥체인 성경읽기표

가정	(구약) 출애굽기 26장, (신약) 요한복음 5장
개인	(구약) 잠언 2장, (신약) 갈라디아서 1장

각 편에 지정된 본문을 보면 알 수 있듯이 가정편이든 개인편이든

구약과 신약이 짝을 이루고 있다.

2 WORDLink란 무엇인가?

2-1
따로 떨어진 성경 본문들에서 하나로 흐르는
하나님의 생각을 연결시켜보는 훈련

WORDLink라는 말은 책(영감넘치는 맥체인 성경읽기, 로고스성경사역원 출판)에 자세한 설명이 나와 있는 것처럼,

> 매일 주어지는 각각의 맥체인 성경읽기 장들에서
> 하나로 흐르는 하나님의 생각을 연결시켜 보는 훈련이다.

특별히 맥체인 목사가 가정편과 개인편에 각각 구약 한 장과 신약(또는 시편) 한 장을 할당해 놓았기 때문에 가정과 개인에 해당되는 각 두 장씩의 성경 장들을 연결하여 WORDLink를 하도록 훈련하는 것은, 구약과 신약(또는 시편)을 연결하는 훈련이기도 하다.

훈련을 위해서는 가정편과 개인편에 각각 주어진 두 개의 장들로 먼저 WORDLink를 해 보지만, 훈련이 잘 되면 네 개의 장을 가지고 WORDLink를 할 수 있다.

두 개의 장을 가지고 WORDLink를 할 때보다 네 개의 장을 가지고 할 때 얻는 유익은, 두 개의 장에서 '하나로 흐르는 하나님의 생각'보다 훨씬 더 깊고 넓은 하나님의 생각을 발견하는 것이다.

네 개의 장에서 동일한 하나님의 생각이 발견된다면 그것은 하나님께서 그 생각을 그만큼 더 중요하게 여기고 계신다는 뜻이라고 볼 수 있다.

WORDLink로 성경읽기를 잘 훈련하면 가정편에 해당하는 두 개의 장들에서 1개씩만 연결구절을 찾는다고 해도 1년 동안 365개의 연결 구절들을 찾아낼 수 있다. 또한 동일하게 개인편에 해당하는 두 개의 장들에서도 1년 분량에서 최소한 365개를 찾아낼 수 있다. 가정편에서 365개, 개인편에서 365개를 더하여 최소한 730개의 연결구절들을 1년 분량에서 찾을 수 있는 것이다.

이뿐만이 아니다 네 개의 장들을 모두 WORDLink하여 최소한 한 개의 연결 구절을 찾아내면, 여기서도 1년에 365개의 연결구절들을 찾을 수 있다. 가정편, 개인편 각각 두 개의 장씩을 연결해서 찾은 WORDLink 연결 구절들이 730개, 네 개의 장들을 모두 WORDLink하여 찾은 연결 구절들이 365개, 이것을 합하면 모두 1095개의 연결 본문들을 찾아내는 셈이 된다. 하지만 이것은 최소한 1개를 찾았을 경우이고, 두 개 이상을 찾는다면 발견해낸 구절들은 갑절이 된다.
이것은 결코 작은 양이 아니다.

1년의 분량으로 훈련을 잘 하면 성경을 읽으면서 하나님의 선하시고, 기뻐하시고, 온전하신 뜻을 분별하는 지혜의 영역이 해를 거듭할수록 더욱 넓어지고, 깊어지고, 깨닫는 속도도 빨라지게 된다.

2-2
성경이라는 밭에 감추인 보화를 찾아내는 훈련

WORDLink를 하면서 성도들은 놀라운 체험을 하게 될 것이다.

성도들은 이전에 한 번도 줄을 그어보지 않은 구절들에 줄을 긋게 될 것이다. 전에는 자주 들어왔던 설교본문이나 잘 알려진 암송구절들에 줄을 그어 왔을 것이다.

하지만 WORDLink는 자기가 선택하는 '좋은 구절'이 아니라 '하나로 흐르는 하나님의 생각'을 발견하는 것이기 때문에 두 개의 장을 비교하다보면 생각지도 않은 구절에서 공통으로 흐르는 하나님의 생각을 발견하게 되는 것이다. 이것이 바로 밭에 감추인 보화를 찾아내는 것이다.

2-3
WORDLink는 '외형의 성장'이 아니라 '성숙'을 위한 훈련

100미터 달리기나 수영을 하려면 시작하기 전에 준비운동이 필요하다는 것은 누구나 알고 있다. 준비운동을 하지 않은 채 물에라도 뛰어든다면 심장에 마비가 오기 십상이다.

WORDLink가 지각을 사용하기 위한 훈련이지만 이것도 준비 훈련이 필요하고 익숙해질 때까지는 개개인이 분량을 조절하는 것이 좋다. 하나님이 준비하신 영의 양식이 주어졌으니, 참 맛을 알기도 전에 소화불량으로 그것을 싫어하게 되는 일은 없어야 한다. 준비훈련을 열심히 하면 본격적인 훈련에서 여유와 즐거움도 누리게 되므로, 자신에게 맞게 분량을 조절하도록 한다.

가장 중요하게 유의해야 할 점은 WORDLink를 하면서 맥체인 성경읽기표를 따라 성경을 읽어갈 때 오늘 할당 된 성경본문을 읽지 못한 경우, 다음 날에 전날 것까지 합쳐서 이틀 분량을 읽으려 하지 말라는 것이다.

WORDLink로 맥체인 성경읽기를 하는 것은 진도를 다 따라가는 것에 의미가 있는 것이 아니라 진리대로 사고하도록 지각을 훈련하는 데에 의미가 있다.

영적 성장에서 중요한 것은 '빨리 빨리'의 '외형적 성장'이 아니라 '균형' 있게 다져지는 '성숙'이다.

2-4

WORDLink로 성경읽기의 바람직한 훈련분량

맥체인 성경읽기표의 가정과 개인을 합쳐 네 개의 장들을 다 읽으면 1년에 구약 한 번, 신약과 시편을 두 번 읽게 된다.

맥체인 성경읽기를 처음 대하는 성도는
첫 번째 해에 가정편, 두 번째 해에 개인편을 읽을 수 있다.
그러면 2년에 구약 한 번, 신약과 시편 두 번을 읽게 된다.

여기서는 단지 맥체인 성경읽기표를 따라 성경을 읽어나가는 것이 아니라
WORDLink를 적용한 맥체인 성경읽기로 지각의 훈련을 하는 것이기 때문에
WORDLink를 따라 네 개의 장들을 모두 읽기 원하는 성도들도
처음에는 WORDLink 적용을 가정과 개인으로 나누어 가정편 두 개의 장,
개인편 두 개의 장으로 해 볼 것을 추천한다.

궁극적으로는 매일 네 개의 장들에 WORDLink를 적용하는 것이
목표이기는 하나 우선은 두 개의 장씩 연결하는 연습을 충분히 한 후,
익숙해지면 다음 단계로 네 개의 장들을 모두 연결하는 훈련으로
넘어갈 필요가 있다.

처음 시작하는 성도들은 맥체인 성경읽기표를 따라 매일 성경을 읽어 나가되,
정기적으로 한 날을 정해서 그 날의 분량을 WORDLink로 읽어보자.

예) 목장 모임이 있는 날의 맥체인 성경읽기를 WORDLink로 준비해 오면 목장원들이
서로 준비해 온 성경말씀으로 교제하는 유익이 있다.

조금씩 익숙해지면 WORDLink로 성경읽기 하는 날들을 늘려간다.

어느 정도 WORDLink에 따른 맥체인 성경읽기가 익숙해졌다면,
이제는 첫 번째 해는 가정편 또는 개인편 중 하나를 골라 매일
WORDLink를 해 보고, 두 번째 해는 첫 번째 해에 하지 않았던 편을
선택한다. 세 번째 해는 가정편과 개인편으로 나누지 않고, 하루에 주어진

네 개의 장들을 한 번에 연결해서 WORDLink를 해본다.

세 번째 해의 경우 하루에 지정된 네 개의 장들을 한 자리에서 WORDLink 할 수 있는 시간이 여의치 않다면, 아침에는 가정편이나 개인편 중 하나를 하고, 저녁에는 그 나머지를 한 후 아침에 읽었던 부분을 다시 빠르게 읽어 보면서 네 개의 장 모두에 WORDLink를 해 볼 수도 있다.

목사님들은 이미 성경에 대해 상당한 지식을 가지고 있고, 성경을 연구하는 훈련을 계속해 온 분들이므로, 일정 기간의 훈련을 통해 WORDLink에 익숙해지면 가정과 개인으로 할당된 부분들을 각각 하고나서 바로 네 개의 장 전체에 대한 WORDLink를 해 볼 것을 추천한다.

만약 처음부터 매일 WORDLink로 성경읽기를 원한다면
평일에는 가정편이나 개인편 중 하나를 택하여
두 개의 장으로 WORDLink를 하고,
주일에만 네 개의 장으로 WORDLink를 해 볼 것을 추천한다.

공동체가 함께 맥체인 성경읽기를 한다고 하면, 매일 성경읽기를 권면하되, 주일에는 교회 전체가 주일에 해당하는 맥체인 성경읽기를 WORDLink로 준비해 와서 온 성도들이 대화할 때 맥체인 성경읽기를 통해 발견한 하나님의 생각을 서로 나눌 수 있다.

또한 목사님은 주일에 해당되는 맥체인 성경읽기 본문 중에서 한 본문을 택하여 설교하면, 교인들이 일주일간 같은 흐름을 따라 목사님과 함께 성경읽기를 해 왔기 때문에 주일에 선포되어진 성경 본문이 더욱 친밀하게 그들을 향해 날아오는 하나님의 메시지가 된다.

제2장

설명을 따라가며 WORDLink 익히기

1 WORDLink로 성경읽기 1단계 연결준비하기

1-1

구약본문을 찾아서 펼친다.

이제 3월 15일 맥체인 성경읽기에서 가정편에 해당되는 구약본문부터 시작해보자.

출애굽기 26장을 펴 보라.
성경을 펼친 다음, 아래에 쓴 〈WORDLink로 성경읽기 1단계〉를 보라.

〈WORDLink로 성경읽기 1단계〉

"연결 준비하기"

구약성경 분문(가정, 개인)을 읽을 때는 반드시 이 구약의 장과 연결되는 신약(또는 시편)의 장이 기다리고 있다는 것을 염두에 두고 읽는다.

WORDLink를 하면 출애굽기 26장과 요한복음 5장은 더 이상 개별적인 장이 아니다. WORDLink는 두 개의 장들 안에 연결되는 부분이 꼭 있다는 전제를 세우고 시작하기 때문에 처음부분인 출애굽기 26장을 읽을 때부터 다음에 읽을 요한복음 5장과 연결된 고리를 찾고자 하는 마음의 준비가 필요하다.

그리고 요한복음 5장으로 넘어갈 때는 출애굽기 26장의 내용을 마음에 간직하고 요한복음 5장을 읽으려는 시도를 하여야 한다.
이와 같이 성경을 읽어 가면서 본문의 내용을 최대한 마음에 간직하도록 유도하는 WORDLink를 통해 "말씀을 가르쳐 지키게 하라"는 예수님의 명령에 우리 모두가 동참하게 되는 것이다.

1-2
출애굽기 26장을 읽기 전에 먼저 장의 내용들을 요약해 주는 단락제목(들)을 눈으로 살피라

읽을 때, 그리고 읽고 난후 요한복음 5장으로 넘어갈 때 출애굽기 전체 내용을 마음에 간직할 수 있도록 도와주는 유용한 도구는 각 장의 내용들을 단락으로 구분하여 달아 놓은 단락제목들이다.

출애굽기 26장에는 한 개의 단락 제목이 제시되어 있다.
단락제목은 다른 색깔의 글씨로, 단락이 시작되는 구절 위에 쓰여 있다.

예) 출애굽기 26장의 경우
◆ 성막

이 단락 제목만을 기억해서는 안 되고, 출애굽기 26장에 있는 세부 구절들의 내용도 마음에 간직해야 하지만, 적어도 이 단락 제목을 기억해서 요한복음으로 옮겨가면 요한복음 5장을 읽어갈 때 출애굽기의 세부 내용들을 떠올리는 데에 많은 도움이 된다.

1-3

이제 마음속에 대략의 내용들을 정리해 가면서
출애굽기 26장을 읽어내려 간다.

출애굽기 26장을 읽고 나면 다음의 내용들 정도는 마음에 남아 있어야한다.

> 출애굽기 26장에는 휘장을 어떻게 만들고,
> 어떻게 연결해야 하는지가 나오며,
> 조각목으로 성막 널판을 만드는 지시사항 끝에
> 성막을 산에서 보인 양식대로 세워야한다는 강조가 있다.
> 다시 휘장을 만드는 세부지시사항과 함께
> 휘장 문의 제조 방법이 나온다.

1-4

이제 요한복음 5장으로 옮겨간다.

아직까지는 출애굽기 26장 한 장만을 읽었기 때문에 WORDLink가 실제적으로 적용된 것은 아니다. 하지만 〈WORDLink로 성경읽기 1 단계〉의 원리를 염두에 두고 출애굽기 26장을 읽기 시작했기 때문에 첫 분량의 구약성경을 읽을 때부터 성경 내용에 더 집중하게 되고, 의식적으로 세부내용까지 마음에 간직하려고 노력하게 되는 것이다.

2 WORDLink로 성경읽기 2단계
연결하기

아래에 적혀 있는 〈WORDLink로 성경읽기 2단계〉의
내용을 숙지하고 성경읽기를 계속하라.

〈WORDLink로 성경읽기 2단계〉

"연결하기"

신약성경 분문(또는 시편 본문)(가정, 개인)을 읽을 때는 앞에서 마음에 간직한 구약본문과 연결되는 단어나 개념들을 찾으면서 읽는다.

2-1
요한복음 5장을 펼친다.

앞서 출애굽기 26장을 읽기 전에 했던 것과 같이 먼저
요한복음 5장의 단락 제목들을 살펴본다. 세 개의 단락제목들이 나온다.

- ◆ 오래된 병을 고치시다
- ◆ 아들의 권한
- ◆ 예수를 믿게 하는 증언

아마도 이 단락 제목들만 보면 출애굽기 26장과
요한복음 5장이 어떻게 연결될 수 있을까 의아해할 수 있다.

다른 한 편으로는 이렇게 멀게 느껴지는 두 본문들 안에도 하나로 흐르는 하나님의 생각이 감추어져 있다는 기대감이 성경읽기에 긴장감을 더해주어 집중할 수 있게 해준다.

2-2

구약본문(출애굽기 26장)을 읽고 난 후 신약본문(요한복음 5장)을 읽을 때는 다음의 사항들에 주목해서 연결구절들을 찾으며 읽는다.

- 두 본문에서 같은 단어나 유사한 표현
- 두 본문에서 반대의 뜻을 가진 단어나 개념
- 두 본문에서 교회의 목사님이나 인도자로부터 배운 신학 주제들이나 교리들을 함축하고 있는 구절들

2-3

이제 마음에 담아놓은 출애굽기 26장의 내용을 떠올리면서 〈WORDLink로 성경읽기 2단계 – 연결하기〉에 따라 요한복음 5장을 읽어내려 간다.

요한복음 5장을 읽고 나면 다음의 내용들 정도는 마음에 남아 있어야한다.

요한복음 5장에는 예수님이 베데스다 못의 서른여덟 해 된 병자를 고치신 이야기, 안식일에 병자를 고치신 일로 유대인들이 예수님을 박해하는 모습, 아들이 아버지의 행하시는 일을 똑같이 행한다는 것, 그래서 생명을 주신다는 것, 마지막으로는 예수님이 행하시는 역사가 하나님 아버지께서 예수님을 보내셨다는 것을 증거하고 있다는 말이 나온다.

2-4
발견된 연결 구절들을
양쪽 본문에 동일하게 표시해 놓는다.

어떤 경우에는 읽어가면서 바로바로 앞에서 읽은 구약본문의 세부 구절들과 신약본문의 세부 구절들이 연결되기도 한다.

연결되는 구절들에는 어느 구절인지 연필로 동그라미나 체크 표시를 할 수도 있고 노트에 따로 적을 수도 있다. 어떤 모양으로든 표시를 해놓아야 WORDLink의 다음 단계를 진행할 수 있다.

머리로만 기억해 놓으면 양쪽을 오가는 중에, 어느 구절들이 연결되었는지 바로 눈에 들어오지 않아 다시 그 구절들을 찾느라 시간을 허비할 수 있다.

한 번 읽어서는 연결 구절들이 잘 나타나지 않을 수 있다.
두 본문을 여러 번 읽고 비교하는 것을 시간 낭비로 생각하지 말라.

대부분의 경우, 읽고 난 후 다시 두 본문을 비교하는 과정을 통해서 연결구절들을 발견하게 될 것이다. 두 번쯤 읽는 것은 보통이고, 많으면 서너 차례까지도 읽게 된다. 하지만 첫 번 읽을 때와는 다르게 두 번째, 세 번째에는 이미 본문의 내용을 알고 있기 때문에 매우 빠르게 읽어가면서 본문을 살펴볼 수 있다.

여기서도 WORDLink의 유익한 점이 있다. 하나님의 지혜를 구하고, 찾고, 두드리는 마음가짐으로 성경을 읽게 된다. 두세 번 같은 본문을 읽게 되는 것은 시간 낭비가 아니며 손해 보는 것도 아니다.

오늘 이 본문을 읽었다는 표시를 하기 위해서 우리가 성경을 읽는 것이라면
한 번 읽은 것을 또 읽는다는 것은 불필요한 일이 될 수 있다.

하지만 우리는 지혜를 얻고자 하여 진실하게 하나님께 '시간을 드려서'
진리를 찾으려 하고 있다. 여러 번 본문을 관찰하며 진정으로
하나님의 지혜를 찾고자 하는 우리의 마음을 하나님이 보시고,
하나님은 감추어진 지혜를 우리로 발견하게 해 주신다.

가정편과 개인편 각각에서 두 개 정도의 WORDLink를 할 수 있는
구절들을 찾으면 가장 적당하다.

두 개의 WORDLink를 찾기가 어려운 본문들이 있을 때 억지로
두 개를 찾으려고 애를 쓰다보면 시간만 흘러가버리고 지쳐버린다.
하지만 적어도 한 개는 찾아보려는 노력을 해 보라. 어느 본문이 되었든지
한 개의 WORDLink도 하지 못하고 넘어가게 되는 곳은 없다.

출애굽기 26장과 요한복음 5장에서 발견한 WORDLink 구절들을 노트에
나란히 써보는 것이 도움이 된다. 그러면 어떤 구절들이 서로 연결되었는지,
그리고 연결시킬 때 〈2-2〉에서 제시한 몇 가지 주목할 사항들을 충분히
참조하였는지를 한 눈에 살펴볼 수 있다. 또한 성경책을 다시 앞뒤로 오가면서
비교하는 시간을 절약할 수 있다.

2-5

WORDLink로 성경읽기의 2단계까지를

적용한 실례를 보기로 하자.

3월 15일 WORDLink 노트

가정(Family)

출애굽기 26장

26:3, 9	그 휘장 다섯 폭을 서로 연결하며 다른 다섯 폭도 서로 연결하고 ……
26:17	…… 서로 연결
26:15, 18	너는 조각목으로 성막을 위하여 널판을 만들어 세우되
26:19	두촉을 위하여……그 두촉을 위하여
26:14	붉은 물들인 숫양의 가죽으로 막의 덮개를 만들고 ……
26:34	너는 지성소에 있는 증거궤 위에 속죄소를 두고

요한복음 5장

5:7	병자가 대답하되 주여 물이 움직일 땡 나를 못에 넣어 주는 사람이 없어 내가 가는 동안에 다른 사람이 먼저 내려가나이다
5:14	그 후에 예수께서 성전에서 그 사람을 만나 이르시되 보라 네가 나았으니 더 심한 것이 생기지 않게 다시는 죄를 범하지 말라 하시니

전혀 다른 본문들처럼 보였던 구약과 신약에서 〈2-2〉에 제시한 주목할 사항들에 유의하여 위와 같은 연결점들을 찾아내 보았다.

어떤 경우는 엉뚱한 구절들을 연결해 놓고서 정말 대단한 발견을 했다고 혼자 좋아할 수 있다. 과연 찾아낸 WORDLink 구절들이 서로 연결되는 것인지 아닌지는 다음 단계를 해 보면 대략 알 수 있다.

3 WORDLink로 성경읽기 3단계 요약하기

〈WORDLink로 성경읽기 3단계〉는 연결구절로 찾아낸 구절들을 하나로 잇는 단계이며, 이것을 실제로 표를 만들어서 작업할 때는 제목을 WORDLink 다이어리(일기)라고 이름 붙였다.

WORDLink 구절들을 찾아낼 때의 기쁨도 크지만 이 단계에서 비로소 우리는 WORDLink의 참 맛을 느낄 수 있다. 요약하는 과정을 통해서 하나님의 생각을 나의 생각 속으로 정리하여 간직할 수 있기 때문이다.

〈WORDLink로 성경읽기 3단계〉

"요약하기"

구약본문과 신약본문에서 찾아낸 연결구절들을 요약하는 "WORDLink 다이어리"를 쓸 때는 자기 생각을 쓰지 않고 두 본문들에 나오는 하나님의 생각을 하나로 이어서 쓴다.

아래에는 편의상 WORDLink 다이어리를 두 개로 나누어 썼다.
3월 15일 구약본문과 신약본문을 비교하면서 두 개씩의 연결구절들을 발견했기 때문이다.

자신이 발견한 연결구절들을 요약하면서 스스로 노트를 작성할 때는
WORDLink 다이어리를 두 칸에 나누지 않고,
번호만 1, 2…로 붙여서 한 칸에 쓸 수 있다.

가정편 WORDLink 요약하기 1

WORDLink 다이어리

1. 하나님의 성소는 성막을 위하여 서로 연결되고 서로를 위하여 지음 받은 부분들로 이루어져 있다. 신약시대에는 그리스도를 주라 시인하는 자마다 하나님의 성소가 되고 그들이 서로 연결된 공동체를 그리스도의 몸 된 교회라 부른다. 그러나 영적인 병자는 그리스도의 몸 된 교회에 속하지 못한 채 주변을 맴돌며 도움을 주지도 받지도 못한 채 그저 제자리에 누워 병든 모습 그대로인 삶을 이어간다.

가정편 WORDLink 요약하기 2

WORDLink 다이어리

2. 성소를 덮는 붉은 물들인 숫양의 가죽 덮개 아래에 있는 증거궤 위의 속죄소는 어린양의 붉은 피로 우리의 허물과 죄를 용서해주신 예수 그리스도의 은혜와 하나님의 사랑을 기억나게 한다. 항상 하나님의 말씀 앞에 나아가 그리스도의 보혈로 우리와 교회를 덮어 주시기를 간구하며 다시는 죄를 범하지 말라 하신 예수님의 음성에 순종하자.

위의 두 다이어리를 읽으면서 3월 15일 맥체인 성경읽기가 '서로 연결'이라는 단어와 '예수 그리스도의 보혈'이라는 개념으로 WORDLink 되었다는 것을 볼 수 있다.

다이어리를 꼭 길게 쓸 필요는 없다. 이 두 개의 연결 구절들을 다음과 같이 두 세 줄의 한 짧은 문장으로도 요약할 수 있다.

WORDLink 다이어리

하나님의 백성들은 서로 연결되고, 서로를 위하는 자들이 되어야 하며,
예수 그리스도의 보혈로 죄 용서함을 받은 우리가 다시 죄를 범하는 자들이 되어서는 안 된다.

4 WORDLink로 성경읽기 4단계
기도하기

WORDLink 다이어리를 마친 후에 오늘 WORDLink로 성경읽기를 한 말씀들을 기도로 마무리하면 된다. 말씀을 읽고 난후 하나님이 깨닫게 하신 것을 마음에만 담고 있지 않고, 자신의 기도 소리에 담아 하나님과 대화하는 것은 말씀묵상의 절정에 도달하는 것이다.

그러므로 〈WORDLink로 성경읽기 4단계〉는
마음에 담은 말씀을 가지고 하나님과 대화하는 시간을 가지는 것이다.

〈WORDLink로 성경읽기 4단계〉

"기도하기"

하나님이 오늘 내 마음과 귀를 열어 보게 해 주신 하나님의 말씀들을
마음에 담아서 하나님과 대화함으로 맥체인 성경읽기를 마무리한다.

기도 내용을 WORDLink 노트에 적어서 기록으로 보관하는 것이 좋다.
그러면 이후에 노트를 다시 볼 때 그 날에 주신 하나님의 생각은 무엇이며
자신은 어떠한 생각들로 하나님께 반응하였는지를 되돌아 볼 수 있다.
기도의 예는 다음에 소개한 〈완성표〉에 실어놓았다.

5 WORDLink로 맥체인 성경읽기 가정편 완성표

3월 15일 가정편 WORDLink 노트 1

가정(Family)

출애굽기 26장

26:3, 9 그 휘장 다섯 폭을 서로 연결하며 다른 다섯 폭도 서로 연결하고 ……

26:17 …… 서로 연결

26:15, 18 너는 조각목으로 성막을 위하여 널판을 만들어 세우되

26:19 두촉을 위하여……그 두촉을 위하여

26:14 붉은 물들인 숫양의 가죽으로 막의 덮개를 만들고 ……

26:34 너는 지성소에 있는 증거궤 위에 속죄소를 두고

요한복음 5장

5:7 병자가 대답하되 주여 물이 움직일 땡 나를 못에 넣어 주는 사람이 없어 내가 가는 동안에 다른 사람이 먼저 내려가나이다

5:14 그 후에 예수께서 성전에서 그 사람을 만나 이르시되 보라 네가 나았으니 더 심한 것이 생기지 않게 다시는 죄를 범하지 말라 하시니

WORDLink 다이어리

1. 하나님의 성소는 성막을 위하여 서로 연결되고 서로를 위하여 지음 받은 부분들로 이루어져 있다. 신약시대에는 그리스도를 주라 시인하는 자마다 하나님의 성소가 되고 그들이 서로 연결된 공동체를 그리스도의 몸 된 교회라 부른다. 그러나 영적인 병자는 그리스도의 몸 된 교회에 속하지 못한 채 주변을 맴돌며 도움을 주지도 받지도 못한 채 그저 제자리에 누워 병든 모습 그대로인 삶을 이어간다.
2. 성소를 덮는 붉은 물들인 숫양의 가죽 덮개 아래에 있는 증거궤 위의 속죄소는 어린양의 붉은 피로 우리의 허물과 죄를 용서해주신 예수 그리스도의 은혜와 하나님의 사랑을 기억나게 한다. 항상 하나님의 말씀 앞에 나아가 그리스도의 보혈로 우리와 교회를 덮어 주시기를 간구하며 다시는 죄를 범하지 말라 하신 예수님의 음성에 순종하자.

위의 두 개 다이어리를 다음과 같이 짧게 요약할 수도 있다.
하나님의 백성이 서로 연결되고, 서로를 위하는 자들이 되어야 하며, 예수 그리스도의 보혈로 죄 용서함을 받은 우리가 죄를 범하는 자들이 되어서는 안 된다.

기도목록

1. 몸 된 교회의 지체들과 가족을 돌아보는 일이 결국 나를 돌아보는 일임을 알고 소홀히 여기지 않게 하소서
2. 예수 그리스도의 은혜와 사랑으로 허물 많은 우리를 용서하시고 그리스도의 보혈의 피로 덮어 주사 반복되는 죄에서 벗어나 하나님이 주시는 평강 안에 거하게 하소서

다음은 같은 본문들로 WORDLink로 성경읽기를 한 다른 실례이다.

3월 15일 가정편 WORDLink 노트 2

가정(Family)

출애굽기 26장

30 너는 산에서 보인 양식대로 성막을
세울지니라
34 너는 지성소에 있는 증거궤 위에 속죄소를
두고 법궤시은좌 곧 은혜의 자리 ……
37 그 휘장 문을 위하여 기둥 다섯을
조각목으로 만들어 금으로 싸고 그
갈고리도 금으로 만들지며 또 그 기둥을
위하여 받침 다섯 개를 놋으로 부어
만들지니라

요한복음 5장

19 그러므로 예수께서 그들에게 이르시되 내가
진실로 진실로 너희에게 이르노니 아들이
아버지께서 하시는 일을 보지 않고는 아무
것도 스스로 할 수 없나니 아버지께서
행하시는 그것을 아들도 그와 같이
행하느니라
37 또한 나를 보내신 아버지께서 친히 나를
위하여 증언하셨느니라 너희는 아무 때에도
그 음성을 듣지 못하였고 그 형상을 보지
못하였으며 ……
40 그러나 너희가 영생을 얻기 위하여 내게
오기를 원하지 아니하는도다

WORDLink 다이어리

1. 하나님의 일을 하는 것은 우리 생각대로 하는 것이 아니라, 하나님이 우리에게 눈을 열어 깨닫게 해 주신 것을 따라 행하는 것이다.
2. 하나님은 구약에서는 속죄소에 임하시고, 신약에서는 친히 예수 그리스도가 이 땅에 오셔서 휘장 문을 여시고, 모든 시대에 하나님께로 나오는 길을 열어 주셨다. 구약이나 신약이나 하나님이 보이지 않는다고 해서 하나님을 만날 수 없는 것이 아니다. 문제는 사람이 하나님께 나아가기를 원하지 않는 데에 있는 것이다.

기도목록

1. 하나님이 지시하시는 것이 제 눈과 귀에 더 분명하게 더 깨달아지길 원합니다.
2. 하나님께 드리는 기도가 더욱 깊어지도록 기도 장소와 시간을 준비하는 일에 게을리 하지 않게 하소서.

같은 본문들을 가지고 WORDLink를 완성한 두 가지 실례들에서 볼 수 있듯이 하나님을 아는 지식과 믿음의 분량에 따라서 다양한 WORDLink가 가능하다는 것을 알 수 있다.

또한 WORDLink된 구절을 연결하여 요약해 놓은 WORDLink 다이어리는 그 사람이 가진 성경 지식이 '건강한 것'인지 아니면 치우쳐 있는 것인지도 진단할 수 있게 한다.

맥체인 성경읽기를 개인적으로 혼자 하는 것이 아니라 공동체와 함께 하면 모든 교우들이 자신들이 발견하고 깨달은 말씀들을 기회가 있을 때마다 서로 나눌 수 있다. 또한 목장 인도자나 지도 목사님들이 성도들의 WORDLink 다이어리를 통해 성도들 각 사람의 믿음의 분량을 파악하고 그에 따라 성경을 바르게 깨달아가도록 지도해 줄 수만 있다면 이것이야 말로 참된 제자훈련의 시작이 될 수 있다고 생각한다.

앞에서 가정편으로 각 단계를 상세히 다루었기 때문에
개인편에서는 단계별로 요점 정리하는
시간을 가지기로 한다.

1 WORDLink로 성경읽기 1단계 연결준비하기

〈WORDLink로 성경읽기 1단계〉

"연결 준비하기"

구약성경 분문(가정, 개인)을 읽을 때는 반드시 이 구약의 장과 연결되는 신약(또는 시편)의 장이 기다리고 있다는 것을 염두에 두고 읽는다.

1-1

개인편 **구약본문 잠언 2장**을 펼친다.

1-2

잠언 2장의 **단락 제목**을 눈으로 살핀다.

◆ 지혜가 주는 유익

1-3

잠언 2장을 읽어내려 가면서
마음속에 대략의 내용들을 정리한다.

아버지가 아들에게 계명을 간직하기를 당부하고,
열심히 지혜를 찾으라고 부탁하며,
그렇게 하면 하나님께서 지혜를 주신다고 한다.
패역을 말하는 무리를 따르지 말라하고,
그 길에는 사망이 있으며,
악인은 땅에서 끊어진다고 한다.

2 WORDLink로 성경읽기 2단계
연결하기

〈WORDLink로 성경읽기 2단계〉

"연결하기"

신약성경 분문(또는 시편 본문)(가정, 개인)을 읽을 때는 앞에서 마음에 간직한 구약본문과 연결되는 단어나 개념들을 찾으면서 읽는다.

2-1

갈라디아서 1장을 펼치고, **단락 제목들**을 살핀다.

- ◆ 인사
- ◆ 다른 복음은 없다
- ◆ 바울이 사도가 된 내력

2-2

연결되는 구절들을 찾을 때 **주목할 사항들**

- 두 본문에서 같은 단어나 유사한 표현
- 두 본문에서 반대의 뜻을 가진 단어나 개념
- 두 본문에서 신학 주제들이나 교리들을 함축하고 있는 구절들

2-3

마음에 담아놓은 잠언 2장의 내용을 떠올리면서
〈WORDLink로 성경 읽기 2단계〉에 따라 **갈라디아서 1장을 읽는다.**

> 바울은 인사말 후,
> 복음을 속히 떠난 것을 책망하면서
> 다른 복음을 전하면 저주가 있을 것이라고 한다.
> 또한 바울은 자기가 전한 복음이 사람의 뜻으로 된 것이 아니라고 말한다.

다음은 위의 두 단계까지 마친 두 가지 실례들이다.

3월 15일 개인편 WORDLink 노트 1

개인(Secret)

잠언 2장

2:12 악한 자의 길과 패역을 말하는 자에게서 건져내리라 ……
2:16 지혜가 너를 음녀에게서 말로 호리는 이방 계집에게서 구원하리니
2:17 그는 젊은 시절의 짝을 버리며 그의 하나님의 언약을 잊어버린 자라
2:18 그의 집은 사망으로 그의 길은 스올로 기울어졌나니
2:19 누구든지 그에게 가는 자는 돌아오지 못하며 또 생명 길을 얻지 못하느니라

갈라디아서 1장

1:4 그리스도께서 하나님 곧 우리 아버지의 뜻을 따라 이 악한 세대에서 우리를 건지시려고 우리 죄를 대속하기 위하여 자기 몸을 주셨으니
1:6 그리스도의 은혜로 너희를 부르신 이를 이같이 속히 떠나 다른 복음을 따르는 것을 내가 이상히 여기노라
1:7 다른 복음은 없나니 다만 어떤 사람들이 너희를 교란하여 그리스도의 복음을 변하게 하려 함이라

3월 15일 개인편 WORDLink 노트 2

개인(Secret)

잠언 2장

2:12 대저 여호와는 지혜를 주시며 지식과 명철을 그 입에서 내심이며
2:13 이 무리는 정직한 길을 떠나 어두운 길로 행하며 ……
2:19 누구든지 그에게로 가는 자는 돌아오지 못하며 또 생명 길을 얻지 못하느니라

갈라디아서 1장

1:12 이는 내가 사람에게서 받은 것도 아니요 배운 것도 아니요 오직 예수 그리스도의 계시로 말미암은 것이라
1:6 그리스도의 은혜로 너희를 부르신 이를 이같이 속히 떠나 다른 복음을 따르는 것을 내가 이상히 여기노라…
1:8 그러나 우리나 혹은 하늘로부터 온 천사라도 우리가 너희에게 전한 복음 외에 다른 복음을 전하면 저주를 받을지어다

3 WORDLink로 성경읽기 3단계 요약하기

〈WORDLink로 성경읽기 3단계〉

"요약하기"

구약본문과 신약본문에서 찾아낸 연결구절들을 요약하는 "WORDLink 다이어리"를 쓸 때는 자기 생각을 쓰지 않고 두 본문들에 나오는 하나님의 생각을 하나로 이어서 쓴다.

3월 15일 개인편 WORDLink 연결하기 1

WORDLink 다이어리

하나님의 지혜이신 그리스도의 복음으로 우리를 음녀, 말로 호리는 이방계집으로 표현된 악한 세대(악하고 패역을 말하는 사람들)의 길에서 건지시고 생명 길로 인도하신다. 그러나 어떤 이들은 그리스도의 보혈의 은혜로 우리를 부르신 이를 속히 떠나 하나님의 언약을 잊어버리고 다른 복음을 따라 사망의 집, 스올로 내려가는 길을 택한다.

3월 15일 개인편 WORDLink 연결하기 2

WORDLink 다이어리

하나님의 말씀은 사람이 지어낸 이야기가 아니라 하나님이 계시로 주신 것이다. 하나님은 당신이 주신 계시의 복음을 속히 떠나 다른 복음을 좇는 사람들에게 경고하시고, 다른 복음을 전하는 자들에게는 저주를 선포하신다. 복음에 관해 하나님은 타협이 없다.

4 WORDLink로 성경읽기 4단계
기도하기

〈WORDLink로 성경읽기 4단계〉

"기도하기"

하나님이 오늘 내 마음과 귀를 열어 보게 해 주신 하나님의 말씀들을 마음에 담아서 하나님과 대화함으로 맥체인 성경읽기를 마무리한다.

5 WORDLink로 맥체인 성경읽기 개인편 완성표

3월 15일 개인편 WORDLink 노트 1

개인(Secret)

잠언 2장

2:12 악한 자의 길과 패역을 말하는 자에게서 건져내리라 ……

2:16 지혜가 너를 음녀에게서 말로 호리는 이방 계집에게서 구원하리니

2:17 그는 젊은 시절의 짝을 버리며 그의 하나님의 언약을 잊어버린 자라

2:18 그의 집은 사망으로 그의 길은 스올로 기울어졌나니

2:19 누구든지 그에게 가는 자는 돌아오지 못하며 또 생명 길을 얻지 못하느니라

갈라디아서 1장

1:4 그리스도께서 하나님 곧 우리 아버지의 뜻을 따라 이 악한 세대에서 우리를 건지시려고 우리 죄를 대속하기 위하여 자기 몸을 주셨으니

1:6 그리스도의 은혜로 너희를 부르신 이를 이같이 속히 떠나 다른 복음을 따르는 것을 내가 이상히 여기노라

1:7 다른 복음은 없나니 다만 어떤 사람들이 너희를 교란하여 그리스도의 복음을 변하게 하려 함이라

WORDLink 다이어리

하나님의 지혜이신 그리스도의 복음으로 우리를 음녀, 말로 호리는 이방계집으로 표현된 악한 세대(악하고 패역을 말하는 사람들)의 길에서 건지시고 생명 길로 인도하신다. 그러나 어떤 이들은 그리스도의 보혈의 은혜로 우리를 부르신 이를 속히 떠나 하나님의 언약을 잊어버리고 다른 복음을 따라 사망의 집, 스올로 내려가는 길을 택한다.

기도목록

1. 이 시대를 장악한 세상의 영이 날마다 거리에서 광장에서 모퉁이에서 나를 미혹할지라도 대속의 은혜를 기억하게 하사 생명 길에서 벗어나지 않게 하소서
2. 처음 사랑과 그때 맺은 하나님과의 언약을 기억하여 주의 부르심에 합당한 삶을 살게 하소서
3. 변질된 복음을 분별할 수 있는 영안을 열어 주소서

3월 15일 개인편 WORDLink 노트 2

개인(Secret)

잠언 2장

2:12 대저 여호와는 지혜를 주시며 지식과
명철을 그 입에서 내심이며

2:13 이 무리는 정직한 길을 떠나 어두운 길로
행하며 ……

2:19 누구든지 그에게로 가는 자는 돌아오지
못하며 또 생명 길을 얻지 못하느니라

갈라디아서 1장

1:12 이는 내가 사람에게서 받은 것도 아니요
배운 것도 아니요 오직 예수 그리스도의
계시로 말미암은 것이라

1:6 그리스도의 은혜로 너희를 부르신 이를
이같이 속히 떠나 다른 복음을 따르는 것을
내가 이상히 여기노라…

1:8 그러나 우리나 혹은 하늘로부터 온
천사라도 우리가 너희에게 전한 복음 외에
다른 복음을 전하면 저주를 받을지어다

WORDLink 다이어리

하나님의 말씀은 사람이 지어낸 이야기가 아니라 하나님이 계시로 주신 것이다.
하나님은 당신이 주신 계시의 복음을 속히 떠나 다른 복음을 좇는 사람들에게 경고하시고,
다른 복음을 전하는 자들에게는 저주를 선포하신다. 복음에 관해 하나님은 타협이 없다.

기도목록

1. 이 시대에 하나님의 말씀을 순결하고 정직하게 전하는 충성된 종이 되게 하소서.
2. 하나님이 복음에 관해서 만큼은 결코 타협하지 않으시는 것을 기억하게 하시고,
   정확무오한 성경을 지켜가는 말씀의 파수꾼이 되게 도와주소서.

1 네 개의 본문들로 하는 WORDLink로 성경읽기

1-1

하루 분량의 맥체인 성경읽기 네 개의 장을 WORDLink할 때는
이미 가정편 두 개의 장과 개인편 두 개의 장으로 WORDLink를 하여
가정편 두 개의 장들에 연결구절 표시를 해 놓았고,
개인편 두 개의 장들에도 연결표시가 되어 있다.

1-2

이제 네 장을 연결할 때는
마지막 읽었던 개인편 신약본문을 마음에 떠올려보면서
먼저 읽었던 가정편 구약본문을 다시 빠르게 읽을 준비를 한다.

3월 15일에 해당하는 맥체인 성경읽기 장들이 무엇인지 다시 보자.

가정(Family)				3月	개인(Secret)			
책	장	책	장	날짜	책	장	책	장
출	26	요	5	15	잠	2	갈	1

3월 15일 맥체인 성경읽기표

가정	(구약) 출애굽기 26장, (신약) 요한복음 5장
개인	(구약) 잠언 2장, (신약) 갈라디아서 1장

1-3

마지막으로 읽은 본문은 갈라디아서 1장이다.

개인편 WORDLink를 할 때는

갈라디아서 1장을 잠언 2장과 연결시키면서 묵상을 했기 때문에

생각의 범위가 갈라디아서 1장과 잠언 2장에 한정되었다.

하지만 네 개의 장을 연결시키는 WORDLink를 할 때는

마음에 말씀을 간직해야 하는 범위가 네 장으로 늘어났고,

그에 따라서 새로운 관점을 가지고

하나로 흐르는 하나님의 생각을 찾아내야 한다.

1-4

직전에 읽은 잠언 2장과 갈라디아서 1장을 마음에 담고

먼저 읽었던 가정편의 다른 본문들을 새롭게 넓어진 관점으로

다시 빠르게 읽어 내려가는 것이 필요하다.

먼저 가정편에 해당하는 구약본문

즉 출애굽기 26장를 빠르게 다시 읽으면서

갈라디아서 1장과 비교해 보는 것이 가장 좋다.

그런 다음에 요한복음 5장을 빠르게 읽고 비교해 본다.

말하자면, 네 개의 장들로 WORDLink를 할 때는

서로 연결해 보지 않았던 장들끼리 연결해 보라는 뜻이다.

그런 다음 이미 연결해 보았던 두 장들로 돌아와서 비교해보라.

네 개의 장을 읽을 때 '본문을 빠르게 읽는다'는 말을 자주 쓰는 것은 그만큼 먼저 읽은 네 개의 장에 대해서는 우리의 마음이 이미 그 말씀을 마음에 담고 있어서 다시 대할 때는 신속히 하나님의 생각을 따라갈 수 있기 때문이다.

〈WORDLink로 성경읽기 "종합편"- 네 개 장들 모두 WORDLink하기〉

"빠르게 읽기"

가정편과 개인편을 WORDLink로 성경읽기를 한 후 바로 네 개의 장을 WORDLink 할 때는 이미 읽은 각각의 성경본문을 다시 눈으로 빨리 읽어가면서 공통된 하나님의 생각을 포착한다.

실제로 해 보면 알겠지만 네 개의 장을 연결하는 WORDLink 구절들을 발견하는 것에는 특별히 쉽게 하는 방법이 없으며, 많은 시간이 들 수도 있고, 짧은 시간 안에 찾아낼 수도 있다.

또한 네 개의 장으로 할 때는 가정과 개인을 각각 할 때와 달리 한 개의 WORDLink를 찾아내는 것으로 만족하라고 말하고 싶다.
WORDLink 작업의 목적이 연결구절들을 여러 개 찾아내는 것이 아니라 하나님의 말씀을 마음에 간직하는 것이기 때문이다.

2 네 개의 장들을 WORDLink로 성경읽기를 하여 완성한 표

다음은 네 개의 장들을 모두 WORDLink로 완성한 표들이다.
가정편과 개인편으로 각각 나누어서도 하고, 네 장들로도 WORDLink를 하는 사람은 세 번의 WORDLink 요약들이 필요하지만, 처음부터 네 개의 장들을 WORDLink 할 목적으로 시작한 사람은 가정편과 개인편으로 나누어 따로 따로 WORDLink 작업을 하지 않았기 때문에, 한 번의 WORDLink 다이어리로 그 날의 WORDLink를 끝내고, 기도목록도 한 번 적는다.

3월 15일 네 개의 성경본문 WORDLink 노트 1

가정(Family)		개인(Secret)	
출애굽기 26	**요한복음 5**	**잠언 2**	**갈라디아서 1**
26:14 붉은 물들인 숫양의 가죽으로 **26:34** 속죄소	**5:14** 다시는 죄를 범하지 말라 **5:24** 내말을 듣고 또 나를 보내신 이를 믿는 자는 영생을 얻었고 심판에 이르지 아니하리니 사망에서 생명으로 옮겼느니라	**2:12** 건져내리라 **2:16-19** 지혜가… 구원하리니… 생명 길	**1:4** 우리를 건지시려고 우리 죄를 대속하기 위하여 자기 몸을 주셨으니 **1:6** 그리스도의 은혜로 너희를 부르신 이

WORDLink 다이어리

하나님의 어린양 되신 예수 그리스도께서 우리의 죄를 대속하시려 자기 몸을 드려 속죄의 붉은 보혈로 우리의 허물을 덮어 주셨다. 사망의 집, 스올로 가는 길에서 우리를 건져 주시고 생명 길로 옮겨 주신 예수님은 이제 우리에게 다시는 죄를 범하지 말라고 말씀하여 주신다.

기도목록

1. 보라 네가 나았으니 더 심한 것이 생기지 않게 다시는 죄를 짓지 말라 하신 말씀을 늘 기억하게 하시고 영육 간에 병들지 않도록 우리를 성결한 삶으로 인도 하소서
2. 세상에 속하여 섞인 포도주와 같이 세상의 가치관으로 복음의 진리를 변하게 하는 자들을 분별할 수 있도록 영의 눈을 열어 주소서.

3월 15일 네 개의 성경본문 WORDLink 노트 2

가정(Family)

출애굽기 26

30
너는 산에서 보인
양식대로 성막을
세울지니라

요한복음 5

46
모세를 믿었더라면
또 나를 믿었으리니
이는 그가 내게 대하여
기록하였음이라

47
그러나 그의 글도 믿지
아니하거든 어찌
내 말을 믿겠느냐 하

개인(Secret)

잠언 2

13
이 무리는 정직한 길을
떠나 어두운 길로
행하며

14
행악하기를 기뻐하며
악인의 패역을
즐거워하나니

갈라디아서 1

6
그리스도의 은혜로
너희를 부르신 이를
이같이 속히 떠나 다른
복음을 따르는 것을
내가 이상하게 여기노라

7
다른 복음은 없나니
다만 어떤 사람들이
너희를 교란하여
그리스도의 복음을
변하게 하려 함이라

WORDLink 다이어리

신대현 / 로고스성경사역원 @Shin_DaeHyun 3월 15일
사람이 복음을 따라 살지 못하는 것은 복음의 내용이 부실해서가 아니라 선택의 기로마다 하나님을 속히 떠나 복음의 진리보다 자기가 익히 아는 세상 지식을 따라 살기 때문이다. / 맥체인 WORDLink 출 26:30, 요 5:46~47, 잠 2:13~14, 갈 1:6~7

두 번째 실례에서는 WORDLink 다이어리를 트위터(twitter)에 올릴 수 있는 짧은 문장으로 정리해보았다.(나는 네 개의 본문을 WORDLink로 성경읽기를 하여 매일 나의 트위터(@Shin_DaeHyun)에 WORDLink 다이어리를 올리고 있다.)

「영감 넘치는 맥체인 성경읽기」 책 제6장에서 나는 WORDLink로 맥체인 성경읽기 한 것을 다른 성도들과 함께 트위터를 통해 나누는 방법을 소개해 놓았다.

제3장

힌트를 보면서 WORDLink로 성경읽기 해보기

1 WORDLink로 성경읽기 1단계 연결준비하기

〈WORDLink로 성경읽기 1단계〉

"연결 준비하기"

구약성경 분문(가정, 개인)을 읽을 때는 반드시 이 구약의 장과 연결되는 신약(또는 시편)의 장이 기다리고 있다는 것을 염두에 두고 읽는다.

3월 16일 맥체인 성경읽기이다.

가정(Family)				3月	개인(Secret)			
책	장	책	장	날짜	책	장	책	장
출	27	요	6	16	잠	3	갈	2

가정	(구약) 출애굽기 27장, (신약) 요한복음 6장
개인	(구약) 잠언 3장, (신약) 갈라디아서 2장

1-1

가정편 **구약본문 출애굽기 27**장을 펼친다.

1-2

출애굽기 27장의 **단락 제목**을 눈으로 살핀다.

출애굽기 27장 단락 제목을 아래에 적어보라.

처음 제목은 아래에 적어놓았다.

◆ 제단

◆

◆

1-3

출애굽기 27장을 읽어내려 가면서

마음으로 대략의 내용들을 정리한다.

※ 아래 여백에 적어 볼 수 있다.

2 WORDLink로 성경읽기 2단계 연결하기

〈WORDLink로 성경읽기 2단계〉

"연결하기"

신약성경 분문(또는 시편 본문)(가정, 개인)을 읽을 때는 앞에서 마음에 간직한 구약본문과 연결되는 단어나 개념들을 찾으면서 읽는다.

2-1

요한복음 6장을 펼치고, **단락 제목들**을 살핀다.

- ◆ 오천 명을 먹이시다
- ◆
- ◆
- ◆

2-2

연결되는 구절들을 찾을 때 **주목할 사항들**

- 두 본문에서 같은 단어나 유사한 표현
- 두 본문에서 반대의 뜻을 가진 단어나 개념
- 두 본문에서 신학 주제들이나 교리들을 함축하고 있는 구절들

2-3

마음에 담아놓은 출애굽기 27장의 내용을 떠올리면서
〈WORDLink로 성경 읽기 2단계〉에 따라 **요한복음 6장을 읽는다.**

여러분에게 힌트를 주기 위하여 아래 표에 요한복음 6장과 연결될 수 있는 출애굽기 27장의 구절들을 써 놓았다.

이제 여러분은 출애굽기 27장과 연결될 수 있는 요한복음 6장 구절들을 찾아 오른쪽 칸을 채워 보라.

3월 16일

가정(Family)

출애굽기 27장	요한복음 6장
27:20 너는 또 이스라엘 자손에게 명령하여 감람으로 짠 순수한 기름을 등불을 위하여 내게로 가져오게 하고 끊이지 않게 등불을 켜되	
27:21 아론과 그의 아들들로 회막 안 증거궤 앞 휘장 밖에서 저녁부터 아침까지 항상 여호와 앞에 그 등불을 보살피게 하라 이는 이스라엘 자손이 대대로 지킬 규례이니라	

3 WORDLink로 성경읽기 3단계 요약하기

〈WORDLink로 성경읽기 3단계〉

"요약하기"

구약본문과 신약본문에서 찾아낸 연결구절들을 요약하는 "WORDLink 다이어리"를 쓸 때는 자기 생각을 쓰지 않고 두 본문들에 나오는 하나님의 생각을 하나로 이어서 쓴다.

WORDLink 다이어리

---

4 WORDLink로 성경읽기 4단계
기도하기

〈WORDLink로 성경읽기 4단계〉

"기도하기"

하나님이 오늘 내 마음과 귀를 열어 보게 해 주신 하나님의 말씀들을 마음에 담아서 하나님과 대화함으로 맥체인 성경읽기를 마무리한다.

기도목록

B
맥체인 성경읽기
개인편

3월 16일 맥체인 성경읽기 개인편은 아래에 주어진 성경읽기표 진도에서 개인편의 본문들을 확인하고, 앞에서 따라 해 본 가정편 단계들을 기억하면서, 아래에 제시한 표를 직접 채워본다.

가정(Family) 책	장	책	장	3月 날짜	개인(Secret) 책	장	책	장
출	27	요	6	16	잠	3	갈	2

개인(Secret)

잠언 3장

3:27 네 손이 선을 베풀 힘이 있거든 마땅히 받을 자에게 베풀기를 아끼지 말며

3:28 네게 있거든 이웃에게 이르기를 갔다가 다시 오라 내일 주겠노라 하지 말며

갈라디아서 2장

WORDLink 다이어리

기도목록

C
맥체인 성경읽기
종합편

1 네 개의 본문들로 하는 WORDLink로 성경읽기

3월 16일 맥체인 성경읽기표를 다시 보고,

아래에 제시한 가이드라인에 따라 WORDLink 작업표에 제시된 힌트와 연결될 수 있는 다른 본문들의 구절들을 찾아서 쓰고,

WORDLink 다이어리와 기도목록까지 완성하라.

가정(Family)				3月	개인(Secret)			
책	장	책	장	날짜	책	장	책	장
출	27	요	6	16	잠	3	갈	2

〈WORDLink로 성경읽기 "종합편"- 네 개 장들 모두 WORDLink하기〉

"빠르게 읽기"

가정편과 개인편을 WORDLink로 성경읽기를 한 후
네 개의 장을 WORDLink 할 때는 이미 읽은 각각의 성경본문을 다시 눈으로
빠르게 읽어가면서 공통된 하나님의 생각을 포착한다.

2 네 개의 장들을 WORDLink로 성경읽기를 하여 표 완성하기

3월 16일

가정(Family)

출애굽기 27

27:21
아론과 그의 아들들로 회막 안 증거궤 앞 휘장
밖에서 저녁부터 아침까지 항상 여호와 앞에 그
등불을 보살피게 하라 이는 이스라엘 자손이
대대로 지킬 규례이니라

요한복음 6

WORDLink 다이어리

기도목록

개인(Secret)

잠언 3

갈라디아서 2

WORDLink 다이어리

기도목록

3월 16일에 해당하는 가정편, 개인편, 종합편 각각의 실례들이다. 종합편 마지막에는 기도 다음에 트위터에 올린 글을 실었다.

3월 16일 WORDLink로 성경읽기 노트 1

가정(Family)

출애굽기 27장

27:20 너는 또 이스라엘 자손에게 명령하여 감람으로 짠 순수한 기름을 등불을 위하여 내게로 가져오게 하고 끊이지 않게 등불을 켜되

27:21 아론과 그의 아들들로 회막 안 증거궤 앞 휘장 밖에서 저녁부터 아침까지 항상 여호와 앞에 그 등불을 보살피게 하라 이는 이스라엘 자손이 대대로 지킬 규례이니라

요한복음 6장

6:44 나를 보내신 아버지께서 이끌지 아니하시면 아무도 내게 올 수 없으니 오는 그를 내가 마지막 날에 다시 살리리라

6:45 선지자의 글에 그들이 다 하나님의 가르침을 받으리라 기록되었은즉 아버지께 듣고 배운 사람마다 내게로 오느니라

WORDLink 다이어리

하나님의 말씀이 날마다 우리 발의 등이요 우리 길의 빛이 되어 주시지 아니하시면 누구도 하나님께 나아갈 수 없으며 생명의 길도 찾을 수 없다. 순수한 기름이신 성령 하나님의 조명하심 아래 말씀을 듣고 배운 사람만이 영생의 길 되신 예수님께 나아갈 수 있다.

기도목록

1. 슬기로운 다섯 처녀와 같이 항상 기름을 준비한 모습으로 우리 가정이 다시 오실 예수님을 기다리게 하소서
2. 하나님의 말씀으로 나의 인생과 가정을 밝혀주시고, 더 나아가 세상의 빛과 소금이 되라 하신 예수님의 당부도 잊지 않게 하소서

3월 16일 WORDLink로 성경읽기 노트 2

가정(Family)

잠언 3장

3:27 네 손이 선을 베풀 힘이 있거든 마땅히 받을 자에게 베풀기를 아끼지 말며

3:28 네게 있거든 이웃에게 이르기를 갔다가 다시 오라 내일 주겠노라 하지 말며

갈라디아서 2장

2;10 우리에게 가난한 자들을 기억하도록 부탁하였으니 이것은 나도 본래부터 힘써 행하여 왔노라

WORDLink 다이어리

우리 손에 선을 베풀 힘이 있거든 가난한 자들을 기억하여 베풀기를 아끼지 말고
힘써 행하는 자가 되어야 한다.

기도목록

1. 하나님이 주신 소득에는 먹을 양식과 뿌릴 씨앗도 함께 주셨음을 기억하여 주신 것을 나만을 위해서 사용하고 다 먹어버리는 불성실한 청지기가 되지 않게 하소서

3월 16일 WORDLink로 성경읽기 노트 3

가정(Family)

출애굽기 27

27:21
아론과 그의 아들들로
회막 안 증거궤 앞
휘장 밖에서 저녁부터
아침까지 항상 여호와
앞에 그 등불을
보살피게 하라 이는
이스라엘 자손이 대대로
지킬 규례이니라

요한복음 6

6:67-68
너희도 가려느냐
주여 영생의 말씀이
주께 있사오니 우리가
누구에게로 가오리까

개인(Secret)

잠언 3

3:3
인자와 진리가 네게서
떠나지 말게 하고 그것을
네 목에 매며 네 마음
판에 새기라

3:21
완전한 지혜와 근신을
지키고 이것들이 네
눈앞에서 떠나지 말게
하라

갈라디아서 2

2:5
복음의 진리가 항상
너희 가운데 있게
하려함이라

WORDLink 다이어리

예수 그리스도는 완전한 지혜이시며 영생의 말씀이라는 복음의 진리가 항상 우리 가운데 있게 하고(마음판에 새기고 우리의 목에 매어) 그 진리로 등불을 밝혀 항상 여호와 앞에서 행하는 그리스도인이 되자. 코람데오!

기도목록

1. 주님! 우리의 인생길에서 주의 말씀으로 등불을 밝혀 주셔서 빛 되신 주님과 동행함으로 일상의 삶 속에서 하나님께 나아가는 길을 잃지 않게 하소서
2. 주의 성령께서 친히 말씀하시고 가르쳐 주실 때 잘 듣고 배워 마음의 곳간에 말씀을 잘 간직할 수 있게 하소서
3. 여호와 하나님 앞에 두렵고 떨림으로 행하게 하사 세상의 빛과 소금이 되라 하신 예수님의 말씀이 나의 삶에서 이루어지게 하소서

WORDLink 다이어리

신대현 / 로고스성경사역원 @Shin_DaeHyun 3월 16일
밤에 등불이 없으면 걸음도, 차도, 일도 멈춘다. 밤에 등불을 준비하려면 늦은 것이다.
등불은 항상 있어야 한다. 말씀은 등불이다. 낮이라고 방심하지 말라.
인생에는 밤이 꼭 있다. / 맥체인 WORDLink 출 27:21, 요 6:27, 잠 3:21, 갈 2:5

제4장

혼자 WORDLink 해보기

1 WORDLink로 성경읽기 1단계
연결준비하기

〈WORDLink로 성경읽기 1단계〉

"연결 준비하기"

구약성경 분문(가정, 개인)을 읽을 때는 반드시 이 구약의 장과 연결되는 신약(또는 시편)의 장이 기다리고 있다는 것을 염두에 두고 읽는다.

3월 17일 맥체인 성경읽기이다.

가정(Family)				3月	개인(Secret)			
책	장	책	장	날짜	책	장	책	장
출	28	요	7	17	잠	4	갈	3

가정	(구약) 출애굽기 28장, (신약) 요한복음 7장
개인	(구약) 잠언 4장, (신약) 갈라디아서 3장

1-1

가정편 **구약본문 출애굽기 28**장을 펼친다.

1-2

출애굽기 28장의 **단락 제목**을 눈으로 살핀다.

출애굽기 28장 단락제목을 아래에 적어보라.

◆

◆

◆

1-3

출애굽기 28장을 읽어내려 가면서

마음으로 대략의 내용들을 정리한다.

※ 아래 여백에 적어 볼 수 있다.

2 WORDLink로 성경읽기 2단계
연결하기

〈WORDLink로 성경읽기 2단계〉

"연결하기"

신약성경 분문(또는 시편 본문)(가정, 개인)을 읽을 때는 앞에서 마음에 간직한 구약본문과 연결되는 단어나 개념들을 찾으면서 읽는다.

2-1

요한복음 7장을 펼치고, **단락 제목들**을 살핀다.

요한복음 7장 단락 제목을 아래에 적어보라.

- ◆
- ◆
- ◆
- ◆
- ◆
- ◆

2-2

연결되는 구절들을 찾을 때 **주목할 사항들**

- **두 본문에서** 같은 단어나 유사한 표현
- **두 본문에서** 반대의 뜻을 가진 단어나 개념
- **두 본문에서** 신학 주제들이나 교리들을 함축하고 있는 구절들

2-3

마음에 담아놓은 출애굽기 28장의 내용을 떠올리면서

요한복음 7장을 읽어내려 간다.

두 본문에서 발견한 연결구절들을 다음의 표에 써 넣는다.

3월 17일

가정(Family)

출애굽기 28장	요한복음 7장

3 WORDLink로 성경읽기 3단계
요약하기

〈WORDLink로 성경읽기 3단계〉

"요약하기"

구약본문과 신약본문에서 찾아낸 연결구절들을 요약하는
"WORDLink 다이어리"를 쓸 때는 자기 생각을 쓰지 않고 두 본문들에 나오는
하나님의 생각을 하나로 이어서 쓴다.

WORDLink 다이어리

---

4 WORDLink로 성경읽기 4단계
기도하기

〈WORDLink로 성경읽기 4단계〉

"기도하기"

하나님이 오늘 내 마음과 귀를 열어 보게 해 주신 하나님의 말씀들을 마음에 담아서 하나님과 대화함으로 맥체인 성경읽기를 마무리한다.

기도목록

B

맥체인 성경읽기

개인편

3월 17일 맥체인 성경읽기 개인편은 아래에 주어진 성경읽기표 진도에서 개인편의 본문들을 확인하고, 앞에서 따라 해 본 가정편 단계들을 기억하면서, 아래에 제시한 표를 직접 채워본다.

가정(Family)				3月	개인(Secret)			
책	장	책	장	날짜	책	장	책	장
출	28	요	7	17	잠	4	갈	3

개인(Secret)

잠언 4장	갈라디아서 3장

WORDLink 다이어리

기도목록

C

맥체인 성경읽기

종합편

네 개의 본문들로 하는

WORDLink로 성경읽기

아래의 가이드라인에 따라 네 개의 장들에서 연결 구절들을 찾아서 쓰고, WORDLink로 성경읽기 노트를 완성하라.

가정(Family)				3月	개인(Secret)			
책	장	책	장	날짜	책	장	책	장
출	28	요	7	17	잠	4	갈	3

〈WORDLink로 성경읽기 "종합편"- 네 개 장들 모두 WORDLink하기〉

"빠르게 읽기"

가정편과 개인편을 WORDLink로 성경읽기를 한 후
네 개의 장을 WORDLink 할 때는 이미 읽은 각각의 성경본문을 다시 눈으로
빠르게 읽어가면서 공통된 하나님의 생각을 포착한다.

3월 17일

가정(Family)

출애굽기 28

요한복음 7

WORDLink 다이어리

기도목록

개인(Secret)

잠언 4

갈라디아서 3

WORDLink 다이어리

기도목록

다음은 3월 17일에 해당하는 가정편, 개인편, 종합편 각각의 실례들이다. 종합편 마지막에는 기도 다음에 트위터에 올린 글을 실었다.

3월 17일 WORDLink로 성경읽기 노트

가정(Family)

출애굽기 28장

28:3 마음에 지혜있는 모든 자들, 곧 내가 지혜로운 영으로 채운 자들에게 말하여 아론의 옷을 지어 그를 거룩하게 하여 내게 제사장의 직분을 행하게 하라

요한복음 7장

7:37 누구든지 목마르거든 내게로 와서 마시라

7:38 나를 믿는 자는 성경에 이름과 같이 그 배에서 생수의 강이 흘러나오리라 하시니

7:39 이는 그를 믿는 자들이 받을 성령을 가리켜 말씀하신 것이라

WORDLink 다이어리

예수님을 믿는 자들에게 채워주시겠다고 약속하신 지혜로운 영이신 성령이 우리에게 임하시면 생수의 강이 흘러넘치는 것과 같은 기쁨과 만족으로 우리의 심령이 새롭게 되어 주께서 맡기신 모든 사명을 감당할 만한 지혜와 능력이 넘치게 된다.

기도목록

1. 우리 가정이 날마다 성령 하나님으로 충만하게 하사 하나님이 맡기신 직분을 하나님이 주신 능력으로 감당하게 하소서
2. 우리 가정에 지혜의 영으로 성령 하나님이 임하시어 주의 뜻 분별하게 하소서

3월 17일 WORDLink로 성경읽기 노트

개인(Secret)

잠언 4장

4:2 내가 선한 도리를 너희에게 전하노니 내 법을 떠나지 말라…

4:4 내 말을 네 마음에 두라 내 명령을 지키라 그리하면 살리라

4:5 지혜를 얻으며 명철을 얻으라 내입의 말을 잊지 말며 어기지 말라

갈라디아서 3장

3:1 예수 그리스도께서 십자가에 못 박히신 것이 너희 눈 앞에 밝히 보이거늘

3:10 누구든지 율법 책에 기록된 대로 모든 일을 행하지 아니하는 자는 저주 아래에 있는 자는 자라 하였느니라

3:11 또 하나님 앞에서 아무도 율법으로 말미암아 의롭게 되지 못할 것이 분명하니 이는 의인은 믿음으로 살리라 하였음이라

3:13 그리스도께서 우리를 위하여 저주를 받은 바 되사 율법의 저주에서 우리를 속량하셨으니 기록된 바 나무에 달린 자마다 저주 아래에 있는 자라 하였음이라

WORDLink 다이어리

모든 일을 하나님의 명령대로 항상 행할 수 있는 능력이 우리에게는 없기에 율법의 저주아래에서 죽은 자가 되었으나 그리스도가 십자가에 못 박히심으로 우리를 속량하셨음을 믿는 믿음으로 우리는 의롭다 칭함을 받고 새 생명을 얻은 자가 되었다.

기도목록

1. 주가 주신 계명을 지키고 믿음을 지키어 하늘에 속한 생명력이 넘치는 삶이 되게 하소서
2. 우리의 의로는 율법의 저주에서 벗어날 수 없어, 대속의 은혜를 주신 예수님을 항상 기억하여 용서함을 받은 자로서 다른 사람도 용서할 수 있는 자가 되게 하소서

3월 17일 WORDLink로 성경읽기 노트

가정(Family) | 개인(Secret)

출애굽기 28장	요한복음 7	잠언 4	갈라디아서 3
28:3 내가 지혜로운 영으로 채운 자들	**7:38** 생수의 강이 흘러나오리라 **7:39** 믿는 자들이 받을 성령	**4:7** 지혜가 제일이니 지혜를 얻으라 네가 얻은 모든 것을 가지고 명철을 얻을 지니라 **4:22** 그 것을 얻는 자에게 생명이 되어	**3:5** 너희에게 성령을 주시고 너희 가운데서 능력을 행하시는 이의 일이 율법의 행위에서냐 혹은 듣고 믿음에서냐 **3:14** 이는 그리스도 예수 안에서 아브라함의 복이 이방인에게 미치게 하고 또 우리로 하여금 믿음으로 말미암아 성령의 약속을 받게 하려함이라

WORDLink 다이어리

예수님을 믿는 자들은 영생을 선물을 받을 뿐 만 아니라 지혜로운 영이신 성령으로 충만하여 우리 가운데서 능력으로 역사하시는 하나님을 체험하게 된다.

기도목록

1. 모든 소유를 팔아 값비싼 진주를 산 상인과 같이 나의 인생을 주께 드리오니 주의 성령으로 충만하게 하소서
2. 우리 가운데 성령의 능력으로 역사하시는 하나님을 체험하게 하소서
3. 죽을 수밖에 없는 죄인 된 나를 십자가의 죽으심으로 대속하여 영생의 선물을 주신 주님께 날마다 찬양과 감사의 제사를 드리게 하소서

WORDLink 다이어리

신대현 / 로고스성경사역원 @Shin_DaeHyun 3월 17일
아무 길에서나 바르게 살면 옳은 줄 알았다. 이제 나는 "그 길"이신 예수님을 따른다. 인생문제는 바른 행동이 아니라 바른 길이었다. 천 번의 행동도 정로 밖에서는 모두 범법행위이다. / 맥체인 WORDLink 출 28:38, 요 7:7, 잠 4:14, 갈 3:19